신기한 스쿨버스

신기한 스쿨버스

❷ 땅 밑 세계로 들어가다

조애너 콜 글 · **브루스 디건** 그림 | 이강환 옮김 | 서울초등기초과학연구회 감수

비룡소

이 책을 준비하는 데에 도움을 준
미국 자연사 박물관 광물학 부문 준큐레이터인 조지 할로 박사님께 감사드립니다.
유익한 자문을 해 준 버나드대학 지질학 교수 피터 보워 박사님께도 감사드립니다.

❷ 땅 밑 세계로 들어가다

1판 1쇄 펴냄 — 1999년 10월 1일, 1판 53쇄 펴냄 — 2018년 1월 18일
2판 1쇄 펴냄 — 2018년 11월 15일, 2판 6쇄 펴냄 — 2023년 3월 10일

글쓴이 조애너 콜 **그린이** 브루스 디건 **옮긴이** 이강환 **감수** 서울초등기초과학연구회
펴낸이 박상희 **편집장** 전지선 **편집** 조은정 **디자인** 이현숙 **펴낸곳** ㈜비룡소
출판등록 1994. 3. 17.(제16-849호) **주소** 06027 서울시 강남구 도산대로1길 62 강남출판문화센터 4층
전화 영업 02)515-2000 팩스 02)515-2007 **홈페이지** www.bir.co.kr
제품명 어린이용 각양장 도서 **제조자명** ㈜비룡소 **제조국명** 대한민국 **사용연령** 3세 이상

The Magic School Bus®: Inside the Earth by Joanna Cole and illustrated by Bruce Degen
Text Copyright © 1987 by Joanna Cole
Illustrations Copyright © 1987 by Bruce Degen
Cover Copyright © 1987 by Bruce Degen
All rights reserved.
Korean Translation Copyright © 1999 by BIR Publishing Co., Ltd.
Korean translation edition is published by arrangement with Scholastic Inc., 555 Broadway, New York, NY 10012, USA through KCC(Korea Copyright Center Inc.), Seoul.
Scholastic, THE MAGIC SCHOOL BUS®, 신기한 스쿨버스™ and/or logos are trademarks and registered trademarks of Scholastic, Inc.

이 책의 한국어판 저작권은 ㈜한국저작권센터(KCC)를 통해 Scholastic, Inc.와 독점 계약한 ㈜비룡소에 있습니다.
저작권법으로 한국 내에서 보호를 받는 저작물이므로 무단 전재와 무단 복제를 금합니다.

ISBN 978-89-491-5402-2 74400/ ISBN 978-89-491-5413-8(세트)

하지만 다음 날,
돌을 제대로 가지고 온 사람은 거의 없었죠.

"돌이 하나도 없었어."

"하나 찾긴 했는데, 우리 집 개가 먹어 버렸어."

"너네 집 개는 돌도 먹니?"

> ○ **돌은 어떻게 생길까요?**
> — 완다
>
> 지구의 딱딱한 부분은 대개 커다란 암석으로 되어 있습니다.
> 우리가 모은 조그만 돌은 모두 이 커다란 암석에서 떨어져 나와 생긴 것들입니다.

프리즐 선생님과 현장 학습을 떠나면 어떤 일이
벌어질지 상상조차 할 수 없어요.
선생님이 입은 옷만 봐도
얼마나 엉뚱한데요.
아니나 다를까 출발도 하기 전에
고물 스쿨버스가 고장 났어요.
어쨌든 우리는 그 스쿨버스를 타고
출발했답니다.

세상에,
프리즐 선생님이
저런 옷을 입다니.
믿을 수 없어!

너도 곧
익숙해질 거야.

지구 표면 — 존

지구 표면은 딱딱한 암석과 바다로 둘러싸여 있습니다.
바다 밑도 암석으로 되어 있습니다.
이렇게 껍질처럼 둘러싸인 부분을 '지각'이라고 합니다.

버스가 돌다가 멈추자,
우리는 모두 달라져 있었어요.
우리는 새 옷을 입고 있었죠.
그리고 버스는 포클레인으로 변해 있었어요.
게다가 우리 손에는 삽이나 곡괭이가
들려 있었답니다.
프리즐 선생님이 소리쳤어요.
"자 여러분, 땅을 파세요!"
우리는 들판 한가운데에서
커다란 구멍을 파기 시작했어요.

이 파이 껍질도 바위처럼 단단해.

정말 쉬운 일이 아닌데.

그래도 받아쓰기 시험보단 낫잖아.

지층은 어떻게 만들어졌을까요? — 몰리

수억, 수백만 년 전에 먼지, 모래, 흙이 바람에 날리거나 물에 쓸려 호수와 바다로 흘러 들어갔습니다.
먼지와 모래는 바닥에 가라앉아 퇴적층이 됐습니다.
조개껍데기도 쌓여서 퇴적층이 됩니다.

오랜 시간이 흐르면서 이 퇴적층은 굳어져서 퇴적암이 됐습니다.

지구 과학 낱말 공부 — 도로시 앤

'퇴적'은 '쌓이다'라는 뜻입니다.

우리는 돌을 모으려고 지층에서 돌을 떼어 냈어요.
그러자 프리즐 선생님이 말했어요.
"여러분, 이런 돌이 퇴적암이에요. 퇴적암에서는 화석이 많이 나와요."

사암은 모래 알갱이들이 압력을 받아서 만들어졌고,

셰일은 땅속 진흙이 오랜 세월 압력을 받아서 만들어진 거예요.

사암은 까칠까칠해요.

이 셰일에는 나뭇잎 화석이 있어요.

그다음엔 무슨 일이 일어났는 줄 아세요?
우리가 열심히 화석을 모으고 있는데,
프리즐 선생님이 버스로 돌아오라고 했어요.
우리는 버스를 타고 조금 앞으로 나아갔죠.
그런데 갑자기 밑에서 암석이 부서지는 소리가 들렸어요.
그리고 곧 주위가 온통 깜깜해졌어요.
우리는 아래로, 아래로, 아래로 내려갔어요.

난 도저히
적응이 안 돼.

버스는 속력을 더 내더니 정말로 바닥을 뚫기 시작했어요.
곧 우리는 진짜 지구 안쪽으로 들어갔죠.
지구 안은 너무, 너무, 너무, 뜨거웠어요.
그리고 중심으로 가까이 갈수록
더 뜨거웠죠.

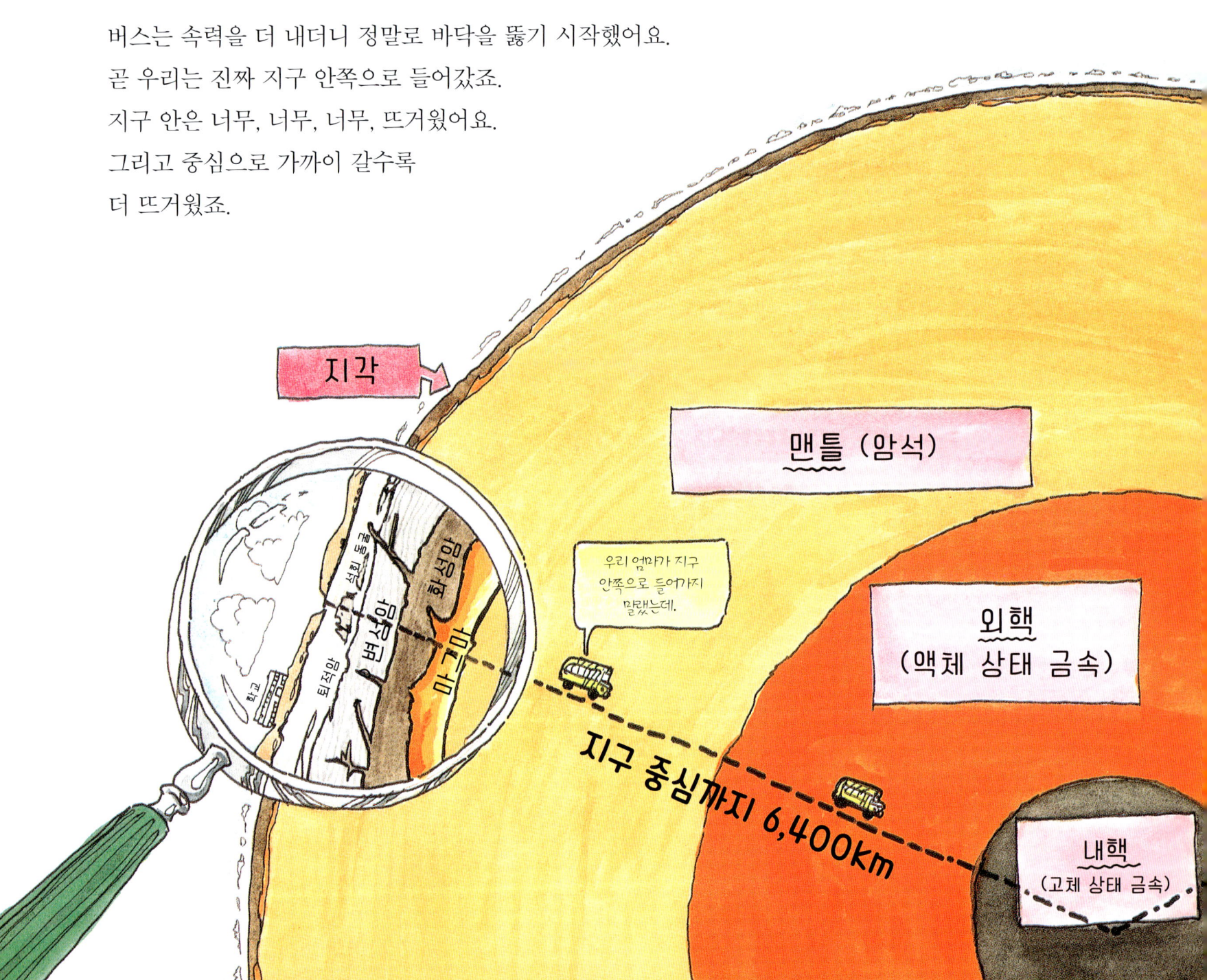

프리즐 선생님이 다시 밖으로 버스를 돌리자,
우리는 너무 기뻤어요.
우리는 지각에 도착하자마자,
검은 돌로 된 동굴을 통해서
곧장 위로 뛰어올랐죠.
예전엔 하늘이 이렇게 멋있는 줄 몰랐다니까요.

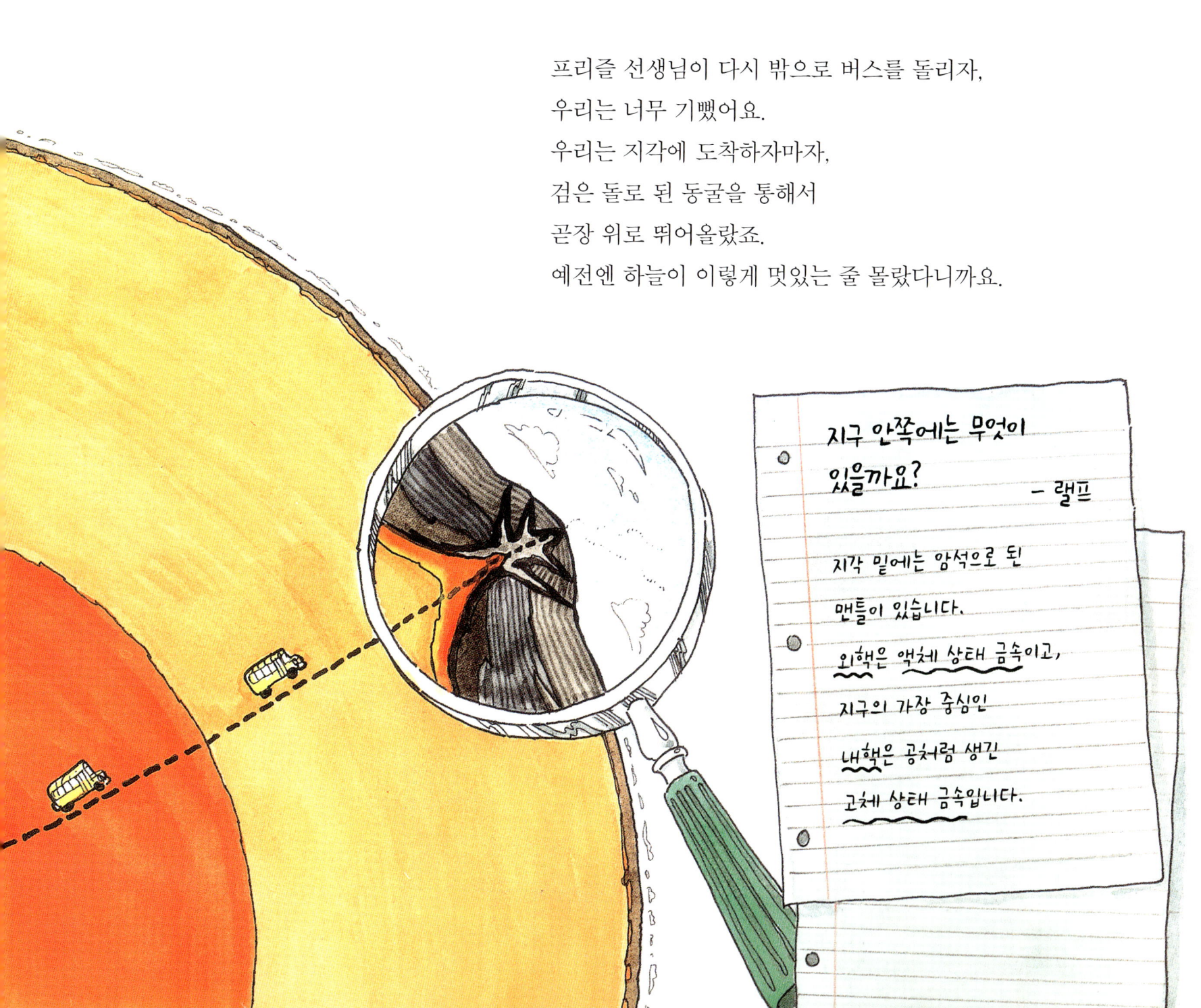

지구 안쪽에는 무엇이 있을까요?
— 랠프

지각 밑에는 암석으로 된 맨틀이 있습니다.

외핵은 액체 상태 금속이고, 지구의 가장 중심인 내핵은 공처럼 생긴 고체 상태 금속입니다.

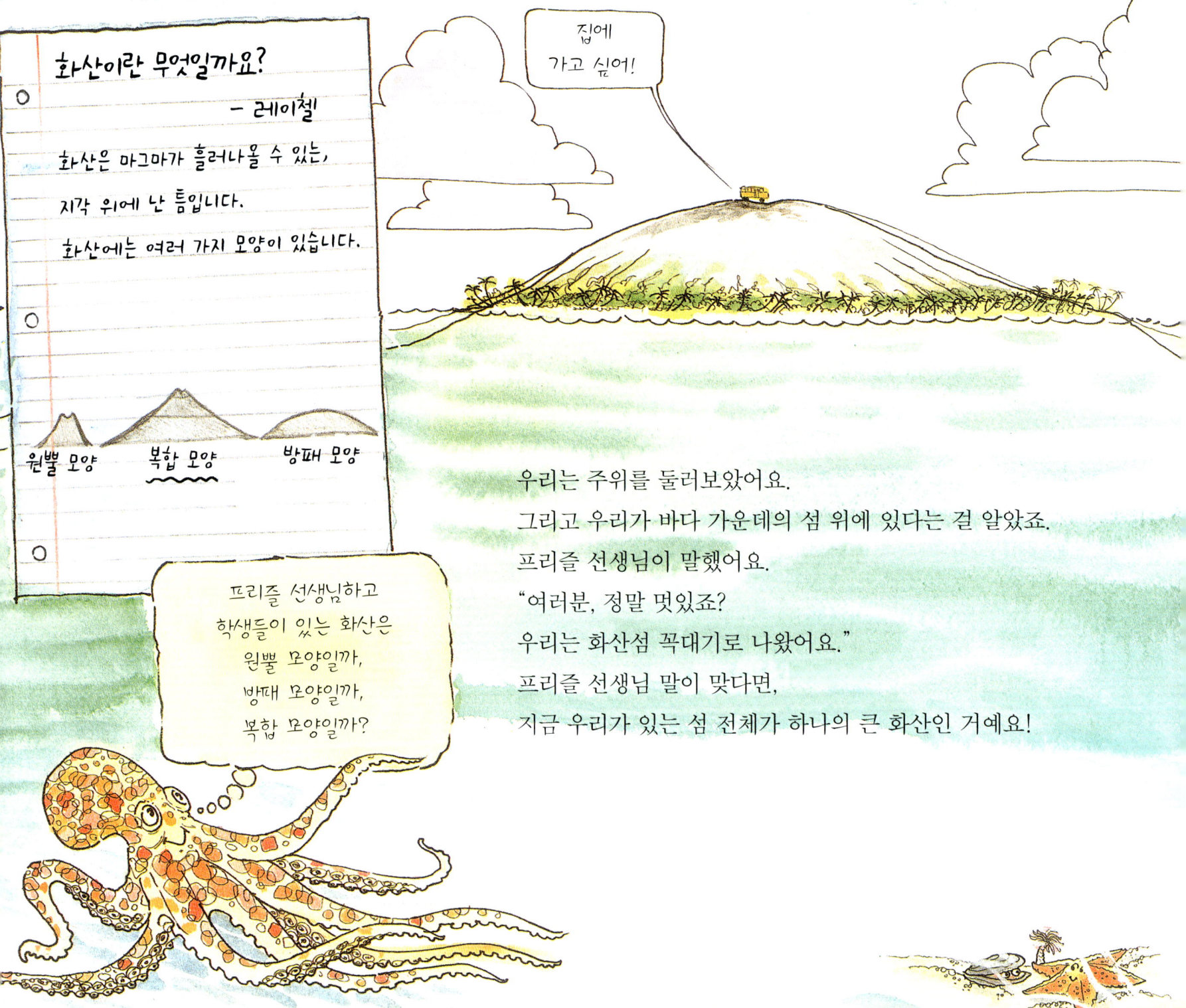

화산은 새로운 땅을 만듭니다.
— 아널드

화산에서 나오는 마그마를
'용암'이라고 합니다.
용암이 식으면 단단해져서
새로운 돌이 됩니다.
시간이 흐르면 이 돌은 흙이 돼서
식물들이 자랄 수 있게 됩니다.

화산이 그 정도로
쓸모가 있는지 몰랐네!

우리는 재빨리 버스에 올라탔어요.
프리즐 선생님은 시동을 켜고
가속 페달을 밟았죠.
하지만 아무런 소용이 없었어요.
버스가 꼼짝도 하지 않았거든요!
'우리는 이제 죽었구나' 하는 생각이 들었어요!

안 돼!

뜨거운 용암이 물에 닿자 거대한
증기구름이 피어났어요.
그래서 사방이 하얗게 보였죠.
우리는 증기와 함께 솟아올라서 하늘을 떠다녔어요.
얼마 동안이나 구름 속에서 떠다녔는지 알 수 없었죠.

여기가 어디야?

몰라, 엄마가 세 시 반까지는 집에 오랬는데.

우리가 수집한 돌
프리즐 선생님 반

이봐! 난 돌이 아니야!

셜리
석회암

종류: 퇴적암
(조개껍데기가 퇴적)
용도: 건물, 분필, 시멘트, 비료

아만다 제인
대리석

종류: 변성암
(석회암이 변성)
용도: 석상, 비석, 건물

피비
셰일

종류: 퇴적암 (진흙이 퇴적)
용도: 갈아서 석회암과 섞어 시멘트와 벽돌을 만듦

완다
화강암
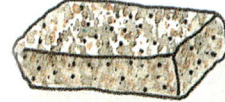
종류: 화성암
용도: 비석, 건물, 보도의 가장자리 돌

존
점판암

종류: 변성암 (셰일이 변성)
용도: 지붕, 도로포장용 돌, 칠판

마이클
사암

종류: 퇴적암
(모래가 퇴적)
용도: 건물, 숫돌

몰리
현무암

종류: 화성암
(화산에서 만들어짐)
용도: 도로 건설

레이첼
흑요석

종류: 화성암
(화산에서 만들어짐)
용도: 장식, 인디언 화살촉

플로리
경석
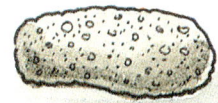
종류: 화성암
(화산에서 만들어짐)
용도: 연마제 가루

필
규암
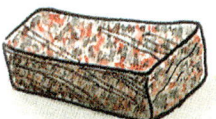
종류: 변성암
(사암이 변성)
용도: 맷돌, 도로 건설

글쓴이와 그린이하고 하는 대화

이 책을 처음 읽은 독자가 메시지를 보냈어요. 이 독자는 책이 모두 엉터리라고 주장했죠. 우리는 여러분들이 이 책을 보면서 어떤 것이 사실이고 어떤 것이 이야기를 재밌게 하기 위해서 꾸며 낸 것인지 판단하는 데 도움을 주기 위해서 대화 내용을 실었어요.

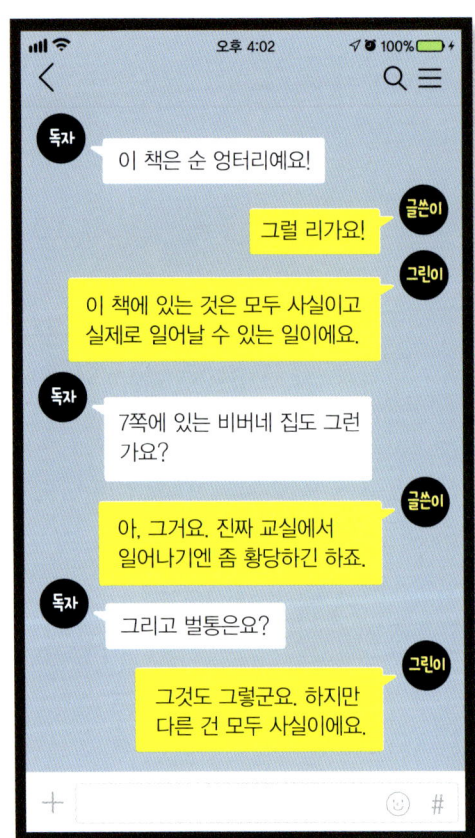

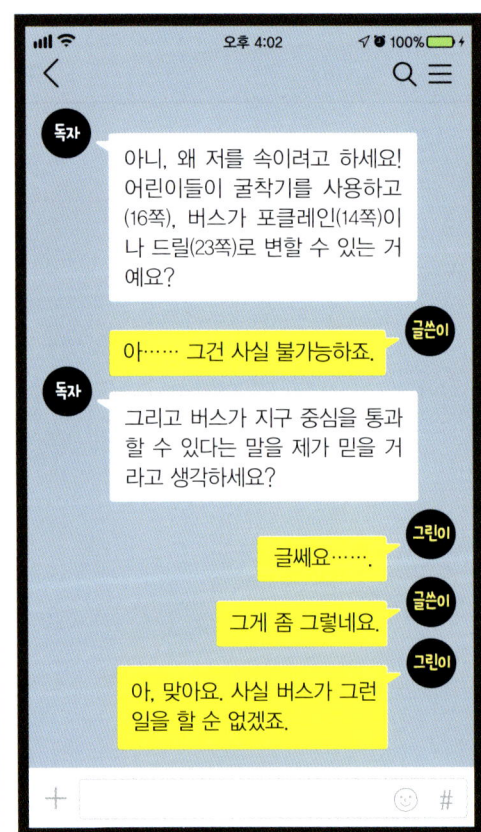

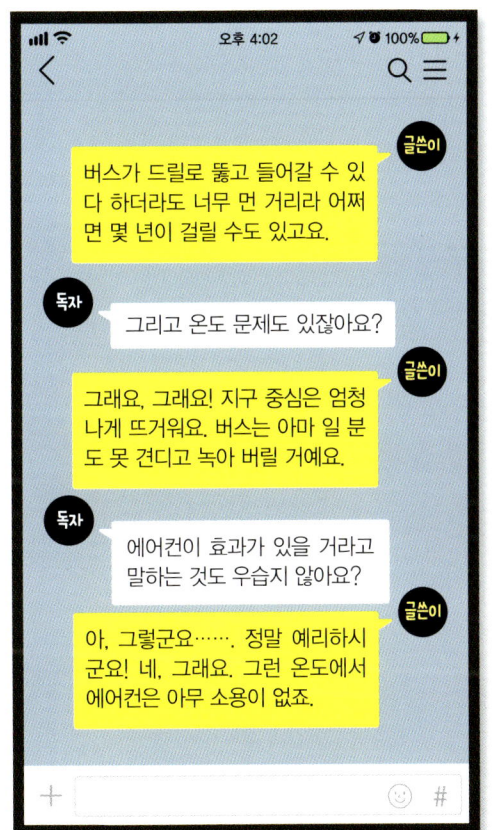
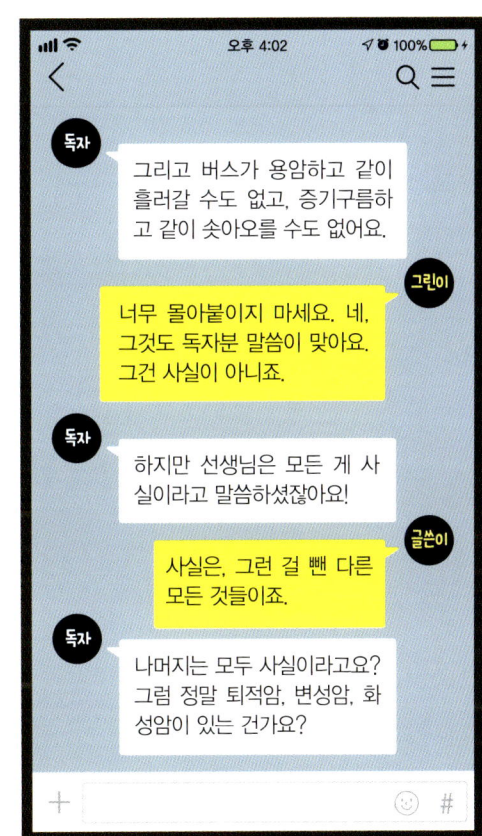
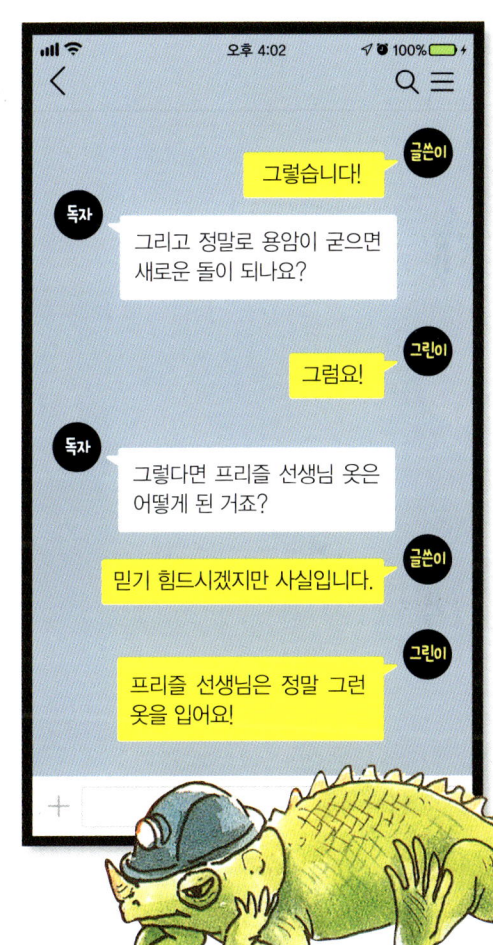

신기한 과학 암기 카드

신난다! 과학 퀴즈

이 책의 카드를 오려 봐. 카드 뒷면에 신기한 과학 질문과 답이 섞여 있어.
각각의 질문에 알맞은 답을 짝지어 봐. 정답은 39쪽에 있어. **[교과 연계]** 과학 4-1 지층과 화석

아널드 A	프리즐 선생님 Q	완다 A
하나도 안 궁금해.	즐거운 현장 학습.	카드 다 내 거.

스쿨버스 Q	화산 A	피비 Q
스쿨 비행기.	푸쉬쉬.	으, 이상해.

※가위를 사용할 때 손을 다치지 않도록 유의해 주세요.

신기한 과학 암기 카드 게임을 해 보자!

❶ 캐릭터가 크게 그려진 쪽이 보이게 카드를 흩트려 놓고, 가위바위보를 한다.
❷ 이긴 사람이 'Q' 카드 중 한 장을 골라 질문을 크게 읽는다.
❸ 그런 다음, 'A' 카드도 한 장 골라 답을 크게 읽는다.

완다
좋아하게 된 것: 땅 파기, 돌 수집하기.

정답은 석주야.
그럼 석주네 엄마는 석순,
아빠는 종유석인가? ㅋ

신기한 스쿨버스 ❷

프리즐 선생님
취미: 이상한 옷과 신발 모으기.

주위를 둘러보세요.
주변에 돌이 있나요?
무슨 돌인가요?
아, 스타이로폼은
돌이 아니에요.

신기한 스쿨버스 ❷

아널드
각오 한 마디: 다음에는 꼭 돌을 찾을 거야!

알렉스는 사이다병 조각,
완다는 그릇 조각을 가져왔어.
필만 진짜 돌을 가져왔지.
쳇, 내가 가져온 건
스타이로폼이래.
놀리지 마!

신기한 스쿨버스 ❷

피비
특징: 프리즐 선생님 반으로 전학 옴.

석회암에 열과 압력,
시간을 더하면 뭐가 될까?

신기한 스쿨버스 ❷

화산
취미: 폭발하기.

답 모르는 사람은
책 열심히 안 읽은 사~람.
정답은 석회암!
난 석회암 같은 건
안 만든다고.

신기한 스쿨버스 ❷

스쿨버스
특징: 어디든 갈 수 있음.

이 책에서 내가
뭘로 변했게?

신기한 스쿨버스 ❷

❹ 그 답이 질문에 알맞은 답이면 'Q'와 'A' 카드를 모두 가져오고, 'Q' 카드를 다시 한 장 고른다.
❺ 틀린 답이면 'Q'와 'A' 카드를 모두 캐릭터가 크게 그려진 쪽이 보이게 내려놓는다.
❻ ②~⑤를 반복한다.
❼ 질문인 'Q' 카드와 그에 알맞은 답인 'A' 카드를 짝지어 3쌍의 카드를 먼저 가지는 쪽이 승리!

도로시 앤

좌우명: 책 속에 길, 아니 답이 있다.

바로 대리석!
석회암은 조개껍데기가 쌓인 퇴적암,
대리석은 석회암이 변한 변성암이지.

신기한 스쿨버스 ❷

비버

프리즐 선생님 반에 온 소감: 여기에서 오래 살고 싶어요.

돌을 하나씩 가져오라는
숙제를 제대로 한 친구는
누구일까요?

신기한 스쿨버스 ❷

필

단짝 친구: 도로시 앤. 티격태격하지만 친함.

있어요, 제 머리요!
아, 아니지.
도로시 앤 머리요!
아, 이것도 아니지.
식탁 위 대리석이요!

신기한 스쿨버스 ❷

프리즐 선생님 동상

수상 소감: 나보다 더 훌륭한 선생님 있으면 나와 보라 그래요.

다음 중
화성암이 아닌 것은
뭘까요?

화강암, 현무암,
석회암, 흑요석.

신기한 스쿨버스 ❷

문어

장래 희망: 프리즐 선생님처럼 과학을 잘하는 문어.

포클레인,
드릴,
낙하산.
세상에, 도대체
안 되는 게 뭐야?

신기한 스쿨버스 ❷

마이클

특징: 검은 까까머리.

석회 동굴에서
석순과 종유석이 만나면
뭐게?
(모르면 인터넷 찬스!)

신기한 스쿨버스 ❷

글쓴이 조애너 콜

어린 시절 벌레, 곤충을 다룬 책들을 즐겨 읽는 과학 소녀였습니다. 초등학교 교사, 사서, 어린이 책 편집자로 일하다가,
어린이 문학과 과학 지식을 결합한 어린이 책을 쓰기로 결심했습니다. 첫 번째 책 『바퀴벌레』를 시작으로 90권이 넘는 책을 펴냈고,
2020년 7월 세상을 떠났습니다. 그중 가장 널리 알려진 「신기한 스쿨버스」 시리즈로 워싱턴 포스트 논픽션상,
데이비드 맥코드 문학상 등 많은 상을 받았습니다.

그린이 브루스 디건

미국 뉴욕 쿠퍼 유니언 대학과 프라트 대학에서 일러스트를 공부했습니다. 「신기한 스쿨버스」 시리즈를 비롯해
「프리즐 선생님의 신기한 역사 여행」 시리즈, 「토드 선장」 시리즈 등 40권이 넘는 어린이 책에 그림을 그렸습니다.

옮긴이 이강환

서울대학교에서 천문학 박사 학위를 받은 뒤, 서대문자연사박물관에서
일했습니다. 「신기한 스쿨버스」 시리즈를 비롯한 여러 권의 과학책을 우리말로 옮겼고,
지은 책으로 『우주의 끝을 찾아서』, 『빅뱅의 메아리』 등이 있습니다.

감수 서울초등기초과학연구회

서울시 교육청 관내 초등교사 100여 명이 모인 연구회로, 과학책을 편찬하고 교육 프로그램을 개발하여 현장에 적용하고 있습니다.
특히 한국연구재단과 함께 '금요일의 과학터치' 사업을 10년째 운영하며, 초등 과학 교육의 대중화에 앞장서고 있습니다.

전 세계 1억, 국내 1천만의 신화, 어린이 과학책의 베스트셀러

신기한 스쿨버스™ 시리즈

신기한 스쿨버스™ 키즈 (전 30권)
조애너 콜 글·브루스 디건 그림 | 이강환, 이현주 옮김 | 5세 이상
우리 아이의 첫 과학 그림책. 아이가 좋아하는 내용으로 **과학 호기심이 쑥쑥**.

 신기한 스쿨버스™ (전 13권)
조애너 콜 외 글·브루스 디건 외 그림 | 이한음, 이강환, 김현명 옮김 | 6세 이상
혼자 읽기 좋은 과학 동화. 읽기 적당한 분량으로 **과학과 책 읽기에 자신감이 쑥쑥**.

신기한 스쿨버스™ (전 13권)
조애너 콜 글·브루스 디건 그림 | 이강환, 이연수, 이한음 옮김 | 8세 이상
전 세계에서 사랑받는 과학책의 베스트셀러. 더 많은 정보로 **과학 이해력이 쑥쑥**.